AF607733

Luciérnagas

Marcos Castillo Monsegur

Luciérnagas

Antología apócrifa de la nueva poesía popular aragonesa

PREGUNTA

Primera edición: junio de 2025

info@preguntaediciones.com
www.preguntaediciones.com

Fotografía de cubierta: Danila Popov/Pexels
ISBN: 978-84-19766-75-5
Depósito legal: Z-1028-2025

Printed in Spain. Impreso en España por Estilo Estugraf Impresores

Índice

A quien será mi vuelo

Prólogo, preámbulo, preludio

Solo la brevedad concede a un prólogo alguna posibilidad de tener una efímera vida en ojos de un lector, pues este no quiere preludios ni preámbulos, sino (arrancados los «pre») jugar —lúdicamente— o ambular sin retrasos por la obra, libre de tales envoltorios. Seamos breves, pues, y limitémonos a hacer algunas precisiones sobre los títulos del libro. No sobre *Luciérnagas*, pues lejos de mí la necedad de amputar con explicaciones las palpitaciones, resonancias y ondas expansivas que pueda despertar en ti, lector, esta metáfora; pero sí lo haré sobre algunas palabras de lo que no trataré, despectivamente, como subtítulo, sino como cotítulo.

Antología no exige aclaración: su etimología ilumina el sentido: «yo recojo flores». Así, en todo caso, tan solo debería el jardinero precisar los criterios usados para formar su ramo. Mi soberano gusto.

Precisar qué sea *apócrifa* —de serte necesario— no exige más esfuerzo que acudir a esos almacenes de palabras llamados diccionarios. Por mi parte tan solo he de advertirte que no debes fiarte de poetas, pues ya avisó Pessoa que todos ellos eran fingidores. Es decir (como lo es este antólogo), engañosos, embaucadores, y ni uno solo de los aquí reunidos deja de ser falso, un apócrifo.

Nada diré sobre qué es *poesía*, pues definirla exigiría el esfuerzo titánico de un libro de mil páginas que a la postre nos dejaría, como es tan habitual, sin el postre de conclusión alguna. Tan solo apuntaré que es una forma de contemplar el mundo que puede perfectamente —y no es extraño— no estar en los poemas y estarlo en otras artes. Poetas («poetas de los ojos» dice Lope) son Paul Klee, Miró, Chagall y no lo son pintores del tamaño sin par de Caravaggio.

¿Y *popular*? Perogrullo no duda: aquello que hace el pueblo. Mas definir qué es «pueblo» no es sencillo y los modernos sociólogos, tras siglos de reflexión, han llegado por fin a la conclusión que ya en el siglo XIII el Sabio rey Alfonso expuso en sus *Partidas*: unos llamaron pueblo al «ayuntamiento de todos los homes ["hombres"] comunalmente, de los mayores et de los menores et de los medianos». Es decir, todos somos el pueblo. Pero tras esta definición —que no pone límites y, por tanto, no define—, puntualiza después el mismo Sabio: «Cuidan ["piensan"] algunos homes que pueblo es llamado la gente menuda, así como menestrales et labradores». De ese modo, formarían el pueblo los que ocupan en la escalera (en la escala) social los peldaños más bajos. Pues bien, si admitiéramos esta definición más restrictiva, ¿deberíamos considerar del pueblo a ese flamante joven, graduado en Filología, que, trabajando de conserje en la facultad que lo formó, abre las puertas de las aulas para que las nuevas oleadas de pupilos sigan sus mismos pasos?

Huyamos, por lo tanto, de estas sociologías y mantengamos las formas, es decir, definamos poesía popular no por la pertenencia social del que la hace, sino por la forma estrófica que ha usado. Y nadie negará la popularidad de las dos que alternan en esta antología —la copla y la seguidilla—, pues llevan rodando, como cantos de río, por la mente, los labios y la lengua del pueblo —sea quien sea— de generación en generación desde hace siglos. Desde las mismas jarchas, que los cultísimos poetas moros y judíos oían a las taberneras de nuestra taifa y luego usaban como perlas alrededor de las cuales se trenzaba el doble cinturón de sus moaxajas.

Y como no ha de faltar el lector quisquilloso que se resista a aceptar el uso de las seguidillas entre nosotros como tradicional y popular (tómese aquí en el sentido de «con amplia difusión»), ofreceremos dos argumentos poderosos. El primero, que su antigüedad está documentada: a mediados del XIII, en esa recopilación de fueros aragoneses que conocemos como *Vidal Mayor*, aparece una de esas seguidillas como un mínimo oasis de frescura en el desierto abrasador del lenguaje jurídico del texto. El segundo argumento lo conocen perfectamente los niños de Zaragoza, que, corriendo en la comparsa de gigantes y cabezudos delante del *Boticario, canario / patas de alambre / que a tu propia familia / matas de hambre*, se adiestran así —jugueteando simbólicamente— a sus futuras carreras delante de las porras del Poder.

Con respecto al valor que hemos de darle al adjetivo *aragonesa*, el tema es sustantivo e implica aclarar tanto el qué como el quién. Sobre el primero, la dudosa psicología de los pueblos —afición muy popular— despliega la lista de virtudes y defectos (la nobleza, la sinceridad, la tenacidad o tozudez...) que a todo aragonés identifica, hasta a los innobles, falsos y volubles. No es menos pez resbaladizo el quién, ya que en él acogeríamos a los aquí nacidos (aunque hayan emigrado a los dos meses) y a los que viven entre nosotros, nacieran donde naciesen. Incluso (siguiendo la costumbre general de aceptar como propios a aquellos grandes hombres cuya fama, renombre y relumbrón universales pueden engrosar la lista de famosos con que inflamar nuestros orgullos patrios) aceptaríamos como nativos a aquellos afamados cuya madre embarazada de sietes meses cruzó volando por nuestro espacio aéreo.

Y callo ya, lector, para que deambules libre, sin más preámbulos ni prolongados prólogos, por este libro que expongo (en todos los sentidos) ante tus ojos.

I
Alberto Laforja

El novelista Juan Valera sostenía que dios había permitido a los humanos la invención de la estadística para que los tontos también pudieran presumir de ser hombres de ciencia. Tonteemos, pues. Y supongamos, tirando pacatamente por lo bajo, que una media histórica de un millón de humanos —desde las primitivas poblaciones prehistóricas espolvoreadas sobre la Tierra de ancho pecho hasta los ocho mil millones que hoy la abarrotamos— escribieron y escriben poesía, siglo a siglo, año a año, día a día. Con toda seguridad, cerca del cien por cien de sus poemas versan sobre la muerte, sobre el paso del tiempo, sobre el hijo consolador de ambos (el *carpe diem*) y sobre todo de los temblores del amor, de sus guerras de guerrilla, sus rupturas, sus celos, sus nostalgias, sus goces... Sigamos siendo timoratos y, tirando al menorete, supongamos que cada uno de los miembros de esta legión ingente de poetas escribe cada año unas cincuenta de estas efusiones sentimentales. Después multipliquemos, dando por inicio del género a la sublime Safo, 600 años antes de nuestra Era: 50 poemas x 2.600 años x 1.000.000 de poetas = 130.000.000.000 de poemas amorosos.

Pretender, a la vista de este gigantesco monte Testaccio de cascotes sentimentales, que los tuyos brillen por su originalidad es de pazguatos. Entonces, ¿por qué conservan su vigencia? Porque —se contesta Laforja, cuyo pensamiento queda reproducido suso— nos sigue gustando, como a los niños, que nos cuenten sin cesar el mismo cuento.

Mi deseo es espíritu
y su deseo
es convertirse en carne
sobre tu cuerpo.
Dios enviado
a la crucifixión
dulce en tus brazos.

*

Con los cinco sentidos

El oído: la música.
Pintura: vista.
El perfume: el olfato.
Gusto: cocina.
¿Y arte del tacto?
Acarician tu cuerpo
mis dedos sabios.

*

Abrázame con tal fuerza
hasta salir por mi espalda,
cruzándome al otro lado
ya convertida en mis alas.

*

Los millones de células
de nuestras pieles
son islotes del Mar
de los Placeres.
Oceanía
donde surcan los barcos
de las caricias.

*

Yo me abracé a tu cuerpo
como los náufragos
al mástil de madera
del propio barco.
Y me salvaste
del mar embravecido
que tú creaste.

*

Pero qué bien forrada
que está tu alma
con un cuerpo perfecto
que se te entalla
igual que el guante
que yo quisiera ser
para abrazarte.

*

Eres tan intangible
como la luna.
No la luna del cielo:
la que se acuna
en el espejo
del río que se fuga
entre mis dedos.

*

No hace falta tempestad.
También si está el mar sereno
me gusta hacer cabotaje
por la costa de tu cuerpo.

*

Me dices que me quieres.
Sé que es mentira,
mas las mentiras dulces
también dan vida.
Bésame en falso,
porque mis labios tontos
no están al tanto.

*

He cruzado dos fronteras
hasta que he llegado a ti:
la mía, de piel de corcho,
y la tuya, de marfil.

*

Las estrellas del cielo
se reordenan
dibujando el perfil
de tu belleza.
Signo de amor
donde halla mi astrolabio
su orientación.

*

Desnudarte es abrir
un cofre de oro
que dentro guarda otro
y este otro, otro.
No tienes suelo.
Descenderte es subir.
Bajar al cielo.

*

Arqueas piernas y brazos
para recibir mi cuerpo.
Arco tú, la flecha yo
que dispararás al cielo.

*

Todo cabos y golfos
hay en tu costa,

que yo cartografío
con mano y boca.
Barco velero
con las velas infladas
por el deseo.

*

Concluida la escritura
del amor, le estampo un beso
al pecho del corazón.
Toda carta lleva un sello.

*

Árboles de Cajal

Las células extremas
de nuestras pieles
intercambian los zumos
de los placeres.
Cual monos trepan
veloces por las lianas
a la conciencia.

*

Abierta estás como un libro
que se lee con los dedos
donde ciego me paseo
por el braille de tu cuerpo.

*

Me envolví con tu cuerpo
—manta de carne—
porque el mundo da frío
y hay que abrigarse.
No hay nada igual
a tu cueva acolchada
de marsupial.

*

Me fundo, me confundo,
cundo y me hundo,
abundo, me difundo,
me hago profundo.
Estoy contigo
y conmigo y sinmigo.
Quedarse ido.

*

Tu cuerpo es el aeropuerto
donde aterriza el deseo,
un avión desbrujulado
para el que la tierra es cielo.

*

Mis dedos son hormigas
correteando,
en tu cuerpo, sus cuevas,
bosques y lagos...
Ancho es tu imperio:
dame toda la vida
por recorrerlo.

*

¿Cómo sé que me gustas?
Porque te veo
y me atraen tus defectos
y los deseo.
No quiero diosas.
Prefiero que mi amor
te vuelva hermosa.

*

Nada más placentero
que desnudarte
e ir tallando tu cuerpo
con el mirarte.
Ya tu escultura
en mitad de mi Plaza
de la Hermosura.

*

La caricia nos desviste,
la caricia nos desnuda,
la caricia quita el nudo
de la cuerda de la nuca.

*

El amor es la música
de los gemidos.
El instrumento, tú;
yo solo el músico
que con mis dedos
toco el arpa escondida
de tus deseos.

*

Siempre sueño contigo
(hasta dormido),
así que siempre estás
en ese nido
que es un abrazo
con las ramas trenzadas
de nuestros brazos.

*

La palpitación confirma
que me ataca el bien de amores,
tan ciego que veo y quiero
besar tus imperfecciones.

*

Solo con que te acerques
ya mi deseo
se expande como un gas
hacia tu cuerpo.
Sé su destino:
duele por inhumano
lo no finito.

*

Tus arrugas parecen
el pergamino
de un libro milenario
que el tiempo ha escrito.
Hay miniaturas:
la C capitular
de tu cintura.

*

Ninguna alfombra persa
como tu cuerpo,
que con solo posarme
ya emprende el vuelo
hacia los goces
de un país que me ofrece
mil y una noches.

*

Tu belleza es un poder
que ejerces con tiranía
a quien extiende el deseo
como una mano mendiga.

II
Selene Monteseguro

Cuando le ponderé la belleza de sus poemas, Selene Monteseguro me precisó, con cierta displicencia, que la suya no era una poesía ornamental, sino de lucha; de alguien que había decidido combatir al lado de la Naturaleza contra el Gran Bocaculo, monstruo que formamos los miles de millones de humanos que, de puro apretados, descosemos las costuras del mundo. Cada uno de nosotros, una célula más de ese mastodóntico tubo digestivo que tritura, mastica, ensaliva, chupa lo que aún tiene vida, lo digiere y a la postre lo defeca en boñigas de plástico y metales; después corona sus ciudades con los gases estomacales del esmog.

Si en su poesía hay entusiasmo («estar poseído por los dioses»), es porque para el panteísmo de Selene la Tierra es un dios a quien solo defiende quien lo ama. La belleza es, por ello, la antesala de la lucha.

Yo sí he visto un milagro
junto al camino.
Parecía una estrella
que había caído
sobre este mundo.
La luciérnaga, el sol
más diminuto.

*

Los pájaros se callan,
los corzos corren
y, huyendo, me desprecian
porque soy hombre.
Mas no me humilla
que me saquen los lirios
su lengua lila.

*

El viento es el soplido
del dios Eolo
y si no te lo crees
tente por loco,
pues tu ateísmo
es una inflamación
del raciocinio.

*

Las costureras no mueren,
que saben reencarnarse
en cuerpos de golondrinas:
las zurcidoras del aire.

*

No sorprende que Roma
le hiciera un templo,

pues no hay dios más benigno
que nuestro cierzo.
Su mofletón
es ventalle que barre
la polución.

*

Es un corazón inmenso
que se dilata y contrae.
Del universo tú eres
solo una gota de sangre.

*

Aquí también hay mar
—el trigo verde—
donde el viento hace olas
que van y vienen.
Olas de espigas
cuyas gotas de agua
han de ser miga.

*

Yo quiero hacer un viaje
subido al carro
de la Osa Mayor.
Que sus caballos
sobre la noche

saquen chispas de estrellas
con su galope.

*

Por la noche, a los humanos
las estrellas enseñaban
su dimensión en el cosmos.
Han borrado la pizarra.

*

Se acumula en el campo
tanta belleza
que mi yo se disuelve
sobre la tierra.
(Un grillo oculto
corta el tiempo en rodajas
con su serrucho).

*

Ya no se ven luciérnagas.
Tampoco estrellas.
La luz de Lucifer
(de hierro, eléctrica)
se enseñorea
de este Siglo sin Luces
que todo ciega.

*

De joven pretendía
comerme el mundo,
pero ahora ya soy otro
y otro mi culto:
acariciarlo,
lamerlo dulcemente,
también besarlo.

*

Con los cinco sentidos

Los pájaros entonan,
huele la tierra,
la brisa me acaricia,
allá la sierra...
Oído junto
a olfato, tacto y vista.
Y todo a gusto.

*

En la oscuridad del cielo,
mes a mes y poco a poco,
(¿qué quiere decir?, decidme)
la luna nos guiña el ojo.

*

Diluida en el mar
mi mente flota

dentro de esa placenta
con cuna de olas.
El universo
—el mar es su poeta—
es solo un verso.

*

Currucas capirotadas,
mirlos, zorzales, pinzones...
solistas de una sinfónica
en el odeón del bosque.

*

La hora del silencio.
Todo está en calma.
Que no haga ningún ruido
tampoco el alma.
Callado y vivo
en la hora sagrada
del conticinio.

*

La Tierra también quiere
que la acaricien,
por eso inventó el viento,
dedos sutiles

de la gran mano
que juega en los cabellos
de los sembrados.

*

Hago la botadura
de mis sentidos,
que zarpen a la vida
con un destino:
traer riquezas
halladas en la Ruta
de la Belleza.

*

Los hombres son las chinches
sobre la Tierra
que le roen la piel
como una lepra.
¿Algún remedio?
¿Puede ser dermatólogo
el propio insecto?

*

Marina

Disfruta del placer
de este paisaje,
del empuje sexual

del oleaje.
Detén tu orgasmo,
que no eyacule aún
tanto entusiasmo.

*

No es un trono de oro
ni dedos rosas,
es que a la hora del alba
pinta la aurora
sus labios rojos:
hoy es día de fiesta
pues siempre es otro.

*

No existe otro milagro
como la luz,
que atraviesa el espacio
para que tú
veas el mundo.
Lo pinta para ti.
Punto por punto.

*

Firmes al lado del río
los chopos presentan armas.
Soldados que no dan miedo:
los pájaros son sus balas.

*

El semen de los chopos
sobre la tierra:
el sexo de los árboles
por primavera
le rinde gloria
eyaculando a Venus
jaculatorias.

*

Nocturno

La luna es el tapón
de la botella
del champán de la noche
y las estrellas
son sus burbujas.
El silencio del mundo
la mejor música.

*

La Tierra se perfuma
por primavera
como las jovencitas
que coquetean.
Como un alud
cae la dicha del cielo.
Huele la luz.

*

En el altar de la playa
soy una ofrenda de amor.
No me duele junto al mar
la puñalada del sol.

*

Si no te gusta tanto
como Venecia
una flor diminuta
es que eres necia.
Y tan pequeña
que confundes lo grande
con la grandeza.

III
Ernesto Laborda

Una voluntad férrea, convertida en disciplina con la que azota sus querencias, ha impedido que Laborda engrose la lista de los encamados o tumbados, eremitas que se retiran del mundo para vivir su soledad en la cueva abrigada de una cama. Larga es la nómina de los primeros espadas que ejercitaron esta clinofilia: Marcel Proust, que parió allí sus siete hijos de memorias; el «escritor horizontal», Truman Capote; Mark Twain; don Ramón María del Valle Inclán; Juan Carlos Onetti, que pasó los últimos años de su vida en su lecho, tumbado en compañía del tabaco, sus libros, los libros de los otros y su frasca de wiski...

De todos los placeres que proporciona la cama —algunos de ellos aquí presentes—, Laborda da primacía al sueño y, con la insolencia temeraria de los que no tienen nada que temer por exponer sus ideas —pues saben que no alcanzarán más resonancia que la exacta circunferencia de sí mismos—, se atreve a enmendar la plana al mismísimo Calderón, opinando que no es que la vida sea sueño, sino que lo mejor del sueño de la vida está en los sueños. Más aún, considera un dislate que el dramaturgo diga

.... es dueño
de los sentidos el sueño,
ladrón de la media vida.

De adolescente necio, él compartía esta idea y soñó con no dormir y poder dedicar las veinticuatro horas del día a desaprovecharlas generosamente, como hizo con las que estuvo semidespierto; ahora, viejo insomne, pagaría por gozar de más horas en la fiesta imaginativa de los sueños.

Sí coincide con Borges, que en una de sus *Siete noches* defendía que el sueño es el origen de la novela. De la novela, del teatro y del cine, cree Laborda.

Junto a los placeres que proporciona el tálamo, también aparecen fugazmente aquí las dos espinas de la rosa negra de la noche: la pesadilla y el insomnio.

Aquí se sueña y se lee
(otra forma de soñar)
y aquí hacemos el amor:
la pista de despegar.
La pista blanca
del aeropuerto al gozo
de nuestra cama.

*

Me gusta en el invierno,
cuando hace frío,
ensobrarme en la cama
todo el domingo.
Acurrucar
mi vida en un abrigo
de marsupial.

*

Como si fuera un iglú
entramos tú y yo en la cama.
Ruge fuera el temporal;
dentro, frotando, la llama.

*

Deja la mente quieta
sobre la almohada,
posada como un ave
sobre una rama.
Suelta los cabos
y al sueño, cuna de olas,
zarpe tu barco.

*

Yo soñé que era yo
y allí vivía
exactamente igual
como en mi vida.
Y de aburrido
me desplomé, despierto,
sobre mí mismo.

*

Aquí se duerme y se sueña,
aquí se lee y se ama.

Horizonte horizontal.
El paraíso: la cama.

*

Lo conocían los griegos:
en nuestros sueños, al alba,
nos decimos la verdad.
Duerme —entonces— quien nos manda.

*

Sí, la vida es un sueño
y yo prefiero
los sueños cuando duermo
que los despiertos.
Párpados cierro
y en mi sala de cine
proyecto sueños.

*

¡Si yo pudiera tener
un joyero en que reunir
mi antología de sueños
para volverlos a abrir...!

*

Padezco clinofilia:
amo la cama

como un ave su nido
sobre la rama.
Allí mi cuerpo
es perla acurrucada,
arcón de sueños.

*

Pirata, donjuán, duelista,
aviador, mosquetero,
comanchero, explorador...
Donde más vivo es durmiendo.

*

La bajera es la arena;
la colcha, el mar;
mi pensar son las olas:
vienen y van.
No soy un vago:
escribo sin descanso.
Tal vez un náufrago.

*

No hay nada como viajar
velozmente estando quieto,
llevado por blanda brisa
en el algodón del sueño.

*

El sueño es la chistera
del mejor mago:
de unos polvos de vida
saca un milagro.
El escapista
que se libra del cepo
de nuestra vida.

*

En la isla de la cama
me vienes siempre a las mientes.
Me vienes porque el no estar
hace que estés más presente.

*

Todo el día ha sido un duelo,
me he batido en mil peleas,
pero al fin puedo enfundarme.
La cama: mi cartuchera.

*

La mente cuando duermo
no se está quieta.
Se libra del pensar
y fantasea.
¿Qué director
tiene filmografía
mayor que yo?

*

Cuando mi cuerpo se acuesta
también mi mente se tumba
cansada de estar erguida.
El túnel del sueño es fuga.

*

La cabeza en la plancha
de mis insomnios.
Vuelta y vuelta al filete
de mis demonios.
¡Cuántos kilómetros
corre, quieto, el cerebro!
Colapsa, y duermo.

*

Se acuesta en la cama como
se tumba en la guillotina
el condenado: esperando
al sueño con su cuchilla.

*

Levantarse de la cama
exige gran fortaleza
cuando sientes que eres Sísifo
y la piedra tu cabeza.

*

Yo me meto en la cama
como en un sobre.
Soy una carta en blanco
que mando ¿adónde?
«Querido Hipnos:
dormir es confiarse.
En ti me rindo».

IV
Eloy Buenafuente

A Eloy Buenafuente lo conocí de oídas, pues lo primero que me llegó de él fue su voz, que rompía vigorosamente el silencio de los montes por donde yo caminaba. Él vigilaba, cantando, un rebaño de ovejas. Algunas, olvidadas momentáneamente de pacer, escuchaban atentas a este nemoroso Garcilaso.

Después lo he oído mil veces en los banquetes socráticos que, tras tantos siglos, perduran en las sobremesas festivas de los pequeños pueblos pirenaicos. Es la hora sagrada del pacharán. Y entonces, cuando las libaciones estimulan el sueño de una efímera fraternidad, su poderosa voz —que como la de los pájaros nace de un cuerpo diminuto— arranca con un surtido variado de rancheras y de jotas.

Casi a escondidas, apoyando mi libreta de notas en la mesa portátil de mis piernas, he ido recogiendo estos breves poemas, frutos en la mayor parte —presumo— de su creatividad, si bien algunos pudieran ser obras de otros juglares con los que Eloy comparte trabajos y pitanzas. Solo vuelve a cantar aquellas que han sido celebradas con regocijo en esas francachelas; las demás las retira definitivamente. Por ello, quizás las suyas sean las más populares de esta antología.

Tú eres la que me das luz,
la que ilumina mi senda.
No mi estrella. No tan lejos,
más terrenal: mi luciérnaga.

*

Pensé que solo quedaban
del viejo amor las cenizas.
Confiado entré y salí
con la memoria encendida.

*

Si es el espejo del alma,
tu cara lo dice todo:
grita al cielo que no tienes.
Y que corazón tampoco.

*

Me clavaste el estilete
del olvido y no estoy muerto.
De las dos muertes me diste
la que alarga el sufrimiento.

*

Por ver si revivía
mi rama seca
yo me injerté en tu vida.

Tu savia fresca
entró en mis venas...
Come el fruto que soy,
es una ofrenda.

*

Has encontrado otro amor.
¿Qué puedo hacer con el mío?
Llevármelo sin rencor
al Mirador del vacío.

*

El cielo no es azul
ni el mar es verde...
¿De qué color los ojos
que a mí me pierden?
Báñate en ellos:
son puros como ibones
del Pirineo.

*

Cruzando piernas y brazos
—ahora el tuyo, ahora el mío—,
trenzamos entre los dos
la coleta del cariño.

*

Ceñidos estrechamente,
que nuestro abrazo es un nudo.
Apriétame firmemente
hasta la unidad del punto.

*

A mi cama la mitad,
a mis sentidos el todo.
Cuando tú no estás aquí
descubro que yo tampoco.

V
Rosa Montañés

En decenas, quizás en centenares de libretas almacenadas en cajas de zapatos, guarda Montañés los frutos de un proyecto tan titánico como insensato: la proeza, jamás imaginada por magín, de contar toda la historia de la humanidad por seguidillas. Que tras diez años de trabajo no haya llegado todavía a la Edad de los Metales no le desanima. Sabe que su obra —como las catedrales góticas— necesita del esfuerzo de generaciones entusiastas y tiene confianza en que sus dos retoños (y los retoños de sus retoños) culminarán la obra.

En un cofrecillo de guadamecí, tachonado de gruesos clavos negros, que compró en una de esas ferias medievales en donde el aire se aroma de fritangas, guarda aparte las obras dispersas sobre acontecimientos más recientes. Quedan allí como vagones abandonados a la espera de que el tren general llegue a ese punto y se ensamblen entonces al convoy. De estas he rescatado seis piezas, como seis gotas de un lago ya acumulado y con pretensiones oceánicas.

Dado que nada hay tan veloz como el presente en volverse pasado y, por tanto, en historia, en la cuarta y la quinta seguidillas aquí seleccionadas ese pasado es aún vigente actualidad y en ellas la historia se convierte en política para no hacer mudanza en su costumbre. La última la cantó en la comida posterior a una convención de joteros. Su agilidad de piernas le evitó ser enrunado bajo la lluvia de chuscos de pan que le arrojaron.

Cada vez que entrechoca
la cimitarra
en los campos de sangre
con una espada,
símbolos luchan:
la cruz de los cristianos,
la media luna.

*

Con cartas al Gran Kan
partió de España.
Atravesó un desierto
de sal y agua.
Y su proeza
(su fracaso glorioso)
se llama América.

*

Los Borgia

De un pueblo diminuto
del Pirineo
llegaron hasta Roma
a sangre y fuego.

Y fueron papas,
que una cruz puntiaguda
es una espada.

*

¡Abajo lo existente!
¡Muerte a lo dado!
Poner lo conocido
cabeza abajo.
Un mundo nuevo
(justo, libre, feliz).
El sueño eterno.

*

Anarquista feroz,
luego de izquierdas,
pasaste por el centro,
hoy de derechas...
No vivas mucho
o acabarás a lomos
del aguilucho.

*

La Virgen del Pilar dice
que se rinde muy gozosa
por conservar Santa Engracia
más que el honor y la gloria.

VI
Chesús Celdrán

Chesús Celdrán cree que, por dos motivos, los lugares comunes ocupan —sobre todo en las tierras de secano de nuestro cerebro— casi la totalidad de su geografía. El primero, porque superarlos exige una revisión generalizada de todas las creencias en las que se asienta nuestra apuntalada vida y es más cómodo abandonarse a la corriente blanda de la opinión reinante. El segundo, porque someter al juicio de la razón las ideas dominantes que los poderosos medios de formación de hormas nos inocularon sin sentirlo (aprovechando para ello la indefensión de nuestra infancia) originaría una revolución interna y la guillotinización de muchas cabezas de la hidra de nuestra apoltronada rutina. Y todos tememos a las revoluciones porque su menú contiene siempre raciones generosas de sangre y de dolor.

Uno de esos lugares comunes es creer que la poesía solo pesca —en el Mar de los Sentimientos— peces que, revertidos en el acuario de los lectores, aletean allí despertando en ellos los mismos estremecimientos. Así, ignoran que el cañonazo de una idea puede conmover más que una emoción. En ello Celdrán coincide con aquel su amigo que en la solapa de su solapado *Trivium* defendía que la poesía es el territorio de los pensasientos y los sentipiensos.

Eso sí, Celdrán intenta huir de la soberbia de los poetas sapienciales que creen merecedores sus versos no ya de ser tallados en mármoles o bronces, sino de ser esculpidos con martillo y escoplo en los muros mentales del lector. O en el rabillo del ojo, para tenerlos siempre presentes a la vista, como cuentan los libros orientales.

¿Pensamiento sin palabras?
No es posible lo imposible.
¿Palabras sin pensamiento?
Lo habitual y lo insufrible.

*

La muerte es la trilera.
Yo, la bolita.
Hace un juego de manos.
Vista y no vista.
De sopetón
levanta el cubilete
y ya no estoy.

*

Tu virtud es tu defecto,
tu defecto es tu virtud:
se abrazan, besan, copulan
los contrarios en tu tú.

*

La muerte es un misterio.
Es el envés.
Deja abierta la mente
porque tal vez
guarde sorpresas...
¿Por qué se carcajean
las calaveras?

*

No he sabido nunca el quién,
ni nunca supe el porqué,
jamás he sabido el cómo
ni tampoco el para qué.

*

En esta vida no hay nada
por lo que entregar la vida
(de ello se encarga la muerte).
El heroísmo es vivirla.

*

Si el destino no está escrito
es que el destino no existe.
Y si existe, ¿qué escritor
hace guiones tan tristes?

*

El hombre es picapinos
que pica y pica
buscando una respuesta
para la vida.
Sin solución,
que el tronco de la vida
es de hormigón.

*

El olvido nunca olvida,
el olvido solo tapa
lo que no quieres saber
y lo que no vale nada.

*

Vosotros preferís
la diamantina
certeza ante las cosas:
os tranquiliza.
A mí me gusta
el vaivén de columpio
que hay en la duda.

*

Te apuñalo en la memoria
pero no logro matarte.

Solo el olvido podría;
no el odio, que te renace.

*

Como si fueran gafas,
compra otros ojos
y con tu nueva vista
vuelve a tu entorno.
Lo extraordinario
te juega al escondite
tras lo ordinario.

*

Me cruzas por la cabeza
tras entrar por mis oídos.
La mente, la casa abierta
con demasiados pasillos.

*

Por el tobogán del tiempo
bajo rodando
cada vez más deprisa,
mas voy mirando
por la ventana
la belleza del mundo.
Hoy no es mañana.

*

Las huellas digitales
parecen surcos
de un arado llegado
desde otro mundo.
Signos arcaicos
de seres que te escriben
carta en las manos.

*

Corazón, toca pagar
porque esta vez te han vencido.
Qué dolor cuesta perder
lo que jamás se ha tenido.

*

Por el aire las campanas...
¿Son campanadas de muerto?
Sí, porque todas pregonan
el funeral del momento.

*

No pienses en la muerte
como un futuro
porque te estás muriendo
cada segundo.
Piensa en ayer.
¿Qué lápida le pones?
Sin más se fue.

*

Como las hojas de un árbol
las hojas del calendario
van cayendo unas tras otras...
Es otoño todo el año.

*

La tristeza se acurruca
buscando no ser herida.
Que tras ser punto te estalle
el Big Bang de la alegría.

*

A veces va muy deprisa
y otras avanza muy lenta,
que la vida es un reloj
que carece de saetas.

*

Hay que ser optimistas:
poco nos queda:
palpamos con los dedos
casi la meta:
otros mil años
y ya por fin los hombres
serán humanos.

VII
Marcel Castellón

Como Ovidio y Marcial, con humor asume Castellón el desdén con que los lectores severos valoran los poemas de humor, y de hecho le divierte acentuar la acidez de estómago de quienes consideran la risa una gruta grotesca de la boca y prefieren mantener perpetuamente el rigor de su cara, su *rigor mortis*. Nada más lejos del humor (entiéndase aquí como carácter) de Castellón, que en sus relaciones sociales gusta de dar a aquellos con quienes topa, accidentalmente o día a día, la propina de una frase ingeniosa, de una broma benigna. Quizás lo que mejor le defina sea el verso cervantino que figura como frontal en su wasap:

> Yo, socarrón; yo, poetón ya viejo.

Pero en verdad lo que busca Castellón no es la risa, que frente a la creencia dominante no es exclusiva de los hombres (¿o no ríe también la mona Chita?); pretende mucho más: lo radicalmente humano: la sonrisa. Hija exclusiva de la inteligencia.

En fin, nuestro autor se considera un levantador de pesos. Del peso de los bordes de los labios para configurar esa media luna tumbada de la alegría. Y por ello, desearía ser un mínimo heredero del mayor humorista que «vieron los siglos pasados, los presentes, ni esperan ver los venideros», aquel que fue capaz de maridar humor, sabiduría y amargura, y que cerró el prólogo de sus *Novelas ejemplares* con esta frase ejemplar: «No más, sino que Dios te guarde y a mí me dé paciencia para llevar bien el mal que han de decir de mí más de cuatro sotiles y almidonados». Así sea.

Premática

Al buen humor hay que darle
rango de deber social
y al que lo incumple penarlo
con celda de soledad.

*

Si las cabezas fueran
como peceras
y se vieran los peces
de las ideas,
muertes habría
sin el escudo humano:
la hipocresía.

*

A mí me gustaría
quitarme el polvo
cepillando mi cuerpo
con otros polvos.
Homeopatía:

curar la enfermedad
por simpatía.

*

Para abrirte la puerta
de la dulzura
es preciso una llave
sólida y dura.
Desperta ferro,
que hay batalla amorosa
y hay que estar presto.

*

Gracias das a tu mano
porque te ha amado
cuando la soledad
te ha acompañado.
Qué creativa:
un émbolo que inflaba
tus fantasías.

*

Pues claro que la fe
mueve montañas.
Solo pensando en ti
crece mi... Calma,
tente, deseo,
que esa telequinesia
caerá de peso.

*

Los deseos me asaltan,
esa ceguera
que baja de los ojos
a la entrepierna.
Los huevos fritos
exigen que se mojen
en pan de higos.

*

Le sujetas las nalgas
como una copa
por donde brota el zumo
que le rebosa.
Y así te bebes
su cuerpo derretido
por los placeres.

*

Nos besamos en la boca
al uso de los humanos.
Después, grupa sobre grupa,
briosos como centauros.

*

Tal vez, pudiera ser,
no estoy seguro,

pero quizás, no obstante,
aunque lo dudo.
Igual, acaso,
posiblemente, a veces,
y sin embargo.

*

Cínico y descreído
(igual que Rick),
del mundo solamente
me quiero a mí.
Tengo una grieta:
iría a Casablanca
tras Ingrid Bergman.

*

Yo tengo muy mal café,
tú tienes muy mala leche...
Casémonos, corazón.
Menudo café con leche.

*

Lanzarote sabe bien
que en momentos de tristeza
no hay mejor consolación
que un buen trago de Ginebra.

*

Yo a una isla desierta
no llevaría
libros. Mucho mejor:
le propondría
que se viniera
conmigo a una escritora.
Miel sobre hojuelas.

*

La vida es abrir puertas,
salir, entrar,
descerrajar algunas
o apuntalar,
hasta que llegue
el portazo final
y The endtierren.

*

Desde el sexo al cerebro
un teleférico
por donde suben raudos
nuestros deseos.
—¡Sin perder tiempo,
ascensorista, aprisa,
al sexto, al sexto!

*

Si te beso los pechos
no sale leche,
pero sí mis recuerdos
de mamoncete.
No mengua, crece
mi fiel drogadicción
por los chupetes.

*

Me pesé con alegría,
luego me pesé con penas.
Pesaba diez gramos más.
Lo que suma es lo que resta.

*

La obesidad es el signo
de nuestros tiempos.
Nos comemos el mundo
con tal exceso
que nuestra grasa
pesa lo que ella pierde
de biomasa.

*

Momento musical

Héroe y delicado,
espadachín

que manejas el arco
de tu violín
como un florete
directo al corazón,
que sangra alegre.

*

En este día nublado
luzco mis gafas de sol.
—Pero ¿para qué las llevas?
—Para no verte mejor.

*

—¿Qué quieres ser de mayor?
(le pregunto sonriendo).
—Yo no quiero ser mayor
si es ser, como tú, pequeño.

*

Resulta más difícil
rodearte el culo
que a Sebastián Elcano
la vuelta al mundo.
Hay un estrecho
pero es peligrosísimo:
Tierra de fuego.

*

¡Si te pudiera olvidar!
Tu recuerdo es un habón
que rascándolo acentúa
el picor del corazón.

*

¿Por qué Einstein no estudió
en su Relatividad
la fuerza más poderosa,
la de la atracción sexual?

*

No me quieres querer
porque no creo
y te niegas a amores
con un ateo.
Mi diosa, yo,
para ponerle cuernos,
creeré en tu dios.

*

Pues te lo voy a decir
con claridad meridiana:
no me acostaré contigo
porque no me das la gana.

*

Quítale el prefijo «co»
(«junto a») a corazón
y tendrás, monda y lironda,
la famélica razón.

*

Con los dos hemisferios
de mi cerebro
toco las castañuelas.
(Estoy contento).
Y hace claqué
el ballet jubiloso
de mi ciempiés.

*

Lo diréis entre hipidos:
que era estupendo,
ocurrente, sencillo,
genial, sincero...
Pero os lo pido:
¿me lo podéis decir
estando vivo?

*

¿Qué quiso decirme Delfos
con su «Nada en demasía»?
¿Que tenga moderación
o que nade en demasías?

VIII
Fabián Esteban

Si como los esquimales a sus perros —según relata London—, a los humanos se nos pusiera un nombre provisional hasta que nuestras primeras andanzas manifestaran con claridad nuestro carácter y entonces, y solo entonces, se nos adjudicara el nombre definitivo y ajustado a nuestra forma de ser, Fabián Esteban debió desde su mocedad llamarse Saturnino, pues nadie más inclinado que él a devorar los más tiernos retoños de su propia alegría. Con su humor triste —oxímoron posible— defendía que así evitaba que crecieran sus frágiles esperanzas y se derrumbaran después desde mayor altura. Estando a su lado se oía cómo su cerebro trituraba —con un ruido de masticador de pajarillos— la menor intención de su ilusión por levantar el vuelo.

Era tan hondo su pesimismo vital que uno tenía tendencia a pensar que no nacía de los zarandeos que a todos nos da la vida, sino que era estructural, tan congénito en él como los rizos de su pelo o el negror de sus ojos.

Todo ello puede llevar a pensar que se tratara de unos de esos depresivos de Samuel Beckett, que precisan de horas de reflexión para reunir las fuerzas necesarias con que salir del socavón en que han caído. En absoluto, el suyo fue un pesimismo activo, militante, heroico, pues no hay épica mayor que la de aquel que lucha denodadamente sin tener duda alguna del fracaso. Férreamente disciplinado, cumplió toda su vida con sus deberes sociales y luchó por una sociedad mejor, en la que creía con la voluntad y no con la razón. Fue generoso con todos menos consigo mismo.

La piel llena de dunas,
como un desierto
que no calcina el sol,
porque es el tiempo
el que te arruga.
Como el papel que echamos
a la basura.

*

La buena muerte

Que sea al atardecer,
con los míos, todos juntos
oyendo serenamente
el piano de los Nocturnos.

*

Poco llueve en la vejez.
Te vas volviendo un desierto:
todo dunas en la piel
y un oasis: los recuerdos.

*

Desprecias a los viejos
porque te es duro
aceptar esa ruina
como futuro.
Que tengas suerte:
también transporta mozos
Mudanzas Muerte.

*

Le va quedando ya
muy poca cuerda
a tu reloj. Quebrada
está la rueda
de recargar:
solo es cuestión de tiempo
que llegue el tac.

*

Hace ya muchos años
no tengo acné
y también hace muchos
crucé mi acmé.
Solo me queda
olvidarme —viviendo—
lo que me queda.

*

La mar, escucha la mar
del interior de tu pecho.
Hondo, abisal, misterioso...
¿Su oleaje? Los recuerdos.

*

Es un magma que aún vive
bajo la costra
enfriada y sin vida
de mi derrota.
Y por mis grietas
mana lenta la lava
de mi tristeza.

*

Si tuviera su intestino
de digerir y olvidar...
Tiene dientes la conciencia,
pero muerde sin tragar.

*

La brea del olvido
cubre recuerdos
que todavía viven
en mi subsuelo.
Y aun así flota
mi barco con la carga
de lo que ignora.

*

Yo tengo una tristeza
tan saltarina
que brinca por las noches
y así, de día,
ya está a la espera
al borde de la cama.
No hay más fiel perra.

*

Alzhéimer

Desamarrado se va
de la costa de la vida
el buque de los recuerdos
hacia una isla vacía.

*

Como bloques de piedra
de las pirámides
—cada vez más en punta—
los años caen.
Mi lema es este:
«Que me dure la vida
hasta la muerte».

*

Mis ideas son pájaros
que van y vienen
por un bosque de lianas,
el de mi mente.
Chillan mis monos.
El jaguar merodea.
Cotorro el loro.

*

Épica de cada día.
Plántale cara y pelea.
Que no te tumbe en el suelo
el matón de la tristeza.

*

Aceptaré morirme
si no es del todo.
Tan solo en modo avión,
con un rescoldo
que me permita
curiosear a ratos
por la mirilla.

*

Yo quiero que me entierren
junto a la tumba
de Sandro Botticelli:
dos almas juntas

rezando eternas
a los restos cercanos
de Simonetta.

*

Se me comen la memoria
las termitas del olvido
y mi vida es el serrín
que a mis pies se hace montículo.

*

Me he librado por fin
del «tengo que»
y de su primo hermano
«es mi deber».
No debo nada:
ya he pagado en mi vida.
Fui la soldada.

*

La certeza es un error
y la duda la esperanza
de que encontrarás un día
la verdad que será falsa.

*

No quiero una vejez
en decadencia.

Cuando pierda la guerra
de independencia,
Zeus amado,
mata mi luz con luz:
usa tu rayo.

*

Por tu interior se desatan
los temporales del tiempo.
Las arrugas de tu piel
son dunas de ese desierto.

*

Ya me he vuelto rojizo,
ocre, amarillo:
estoy del todo otoño,
árbol vestido
como Arlequín,
con las galas alegres
previas al fin.

*

Embotellado en mí mismo
como un efrit oriental,
sin una mano amorosa
que acaricie mi cristal.

*

Delante del espejo
aún me sorprendo
viendo cómo me mira
no sé qué viejo.
Precisa tiempo
aceptar que soy yo.
Mañana vuelvo.

*

Soy el hombre del silencio.
No te extrañe mi mutismo:
¿qué es lo que puede decir
quien no habla consigo mismo?

*

Tu vida es un partido
de baloncesto:
de tus ochenta años
jugaste un tercio.
Y ha sido el resto
sucesión desinflada
de tiempos muertos.

*

De todo lo que viví
solo recuerdo el olvido.
Cómo avanza la morrena
de un glaciar ya derretido.

*

Todo el tiempo perdido
gimoteando
por el tiempo perdido
en el pasado
lo llorarás,
porque es tiempo perdido
una vez más.

*

Como las cucarachas
en un retrete,
cañerías arriba
también ascienden
y corretean
mis pasillos del alma
ideas negras.

*

Creo que sale de mí,
que brota de mi cabeza,
que es mi humo y que soy yo
responsable de esta niebla.

*

Voy mirando hacia atrás
lo que he vivido

con la cabeza y cuello
tan retorcidos
que, en torrentera,
mis lágrimas arramblan
por mi culera.

*

Señor Juez

Sin la menor violencia,
sin dramatismo,
la casa recogida,
los platos limpios...
Y yo en la cama
tranquilo. En la mesilla
queda mi carta.

*

Yo me quiero morir
viendo la muerte
como los fusilados:
firme y de frente.
De despedida
espetarle a la cara:
Viva la vida.

*

Pretendí pasar página
pero a mi libro
le queda una hoja sola
y es de granito.
Cómo retumba
el ruido de la tapa
sobre la tumba.

*

Tienes miedo de ti mismo.
Tus deseos son valientes.
Te escondes detrás de ti.
Nadie como tú te miente.

*

La playa ilimitada
de mi tristeza
se ilumina con soles
que dan luz negra.
Y estoy moreno
como a quien le broncea
su propio incendio.

*

Viajar, viajar. Cuánto aburre
estar en el mismo sitio,
sin embargo no te hastía
tener que ser siempre el mismo.

*

Ojalá fuera tristeza.
Lo mío es melancolía.
No existe pena peor:
no se ve qué la motiva.

*

Los animales salvajes
carecen de crueldad,
que esta invención inhumana
la inventó la humanidad.

*

El primero y el segundo
cada cual se lo compone.
En el menú de la vida
el peor plato es el postre.

*

Eres la zanahoria
y eres el burro;
eres también Aquiles
y su tortugo.
Acepta, necio:
lo real corre más
que tus deseos.

*

La tristeza es arbusto
de malas tierras
que hunde sus raíces
en mis estepas.
Como las garras
del pájaro sin alas
de la desgracia.

*

Como ropa colgada
del tendedero,
en mi memoria seco
viejos recuerdos.
Los ha mojado
mis lágrimas de viejo
desconsolado.

IX
Juan Valdelobos

A Valdelobos lo formaron (o intentaron ahormarlo) en un colegio donde —empleando una violencia metódica y calculada— le inocularon, con jeringazos de odio, su religión de amor una cofradía de frailes que atesoraban tres virtudes capitales: la ignorancia supina, la brutalidad mostrenca y la falta de toda espiritualidad. Su saber pedagógico se sustentaba en una metodología no solo audiovisual, sino esencialmente táctil: la bofetada, el coco, el reglazo, el pellizco, la coz, el zapatillazo... Y todo sazonado con una salsa de humillación verbal. No ha olvidado Valdelobos tanta dedicación y sigue manteniendo hacia ellos esa forma de fidelidad afectiva que es el rencor.

Todo ello no le impide valorar y usar, en algunos casos de forma colateral pero imprescindible, la mitología bíblica que allí aprendió, menos rica e imaginativa que la griega, pero sin duda asimismo estimable; y también otros aprendizajes (hagiografías y demás zarandajas) que aparecen en sus poemas, y que en definitiva confirman que Valdelobos fue inmerso, como el héroe, en una Estigia religiosa de la que se libró porque la flecha de la vida le alcanzó en el talón de Aquiles de esa muerte.

De un dios inexistente
fuiste profeta
predicando el amor
sobre la tierra.
Mejor no vuelvas:
te crucificarán
los que te rezan.

*

Con unción beso tus labios.
Sacristía de la boca,
cáliz de mi religión
donde tu lengua es la hostia.

*

Solamente tres dioses
y cuatro santos
pueden librar al mundo
de tanto espanto.
Virgen María,
no te sea un obstáculo
el que no existas.

*

Que nos dieran de hostias
daba aventura
al saltarse las leyes
con que los curas

nos reprimían.
Me disteis lo que odiabais:
la rebeldía.

*

No basta con los vestidos.
Quitémonos la cultura.
Tú mi Eva, yo tu Adán.
Por estrenar la aventura.

*

Se desabotonó
la braguetera
larga de la sotana
y a la pequeña,
rodilla en tierra,
le dio por comunión
su sucio esperma.

*

Impone la hermosura
y la grandeza
de un cosmos al que rige
la inteligencia.
A esa belleza
puede llamarle dios
vuestra pereza.

*

Cristo de la Buena Muerte,
aun sin fe te rezo a ti,
que no me importa estar muerto
pero no quiero morir.

*

Quisiera confesarte
igual que el cura
que escucha protegido
tras la penumbra.
Dime el secreto,
ese pecado oculto
que yo deseo.

*

Yo te besé los labios
y luego el sexo,
después tu pecho izquierdo,
luego el derecho.
La cruz del gozo.
Dame tu paraíso
por ser devoto.

*

¡Cómo no voy a entenderle
si yo tampoco me creo!

Qué abatido ha de estar dios
si de sí mismo es ateo!

*

Si no pintas a Cristo
con perizonium
se monta en las iglesias
un pandemonium.
¿Dios sin calzones?
¡Que acudan con pinceles
los braghettones!

*

Teorías

Según dijo el Marqués
de Santillana,
Virgen, por el oído
fuiste preñada.
Y Joyce contó
que lo hizo el Santo Espíritu
como un pichón.

*

Como a Moisés se le abrieron
las aguas en el mar Rojo,
has abierto para mí
tu paréntesis del gozo.

*

Tú eres mi dios y mi diosa,
tú eres mi templo y mi iglesia,
tú eres donde yo comulgo
la hostia sagrada: tu lengua.

*

Imitas muy bien a Cristo,
porque eres un buen cristiano.
Tampoco a ti se te ha visto
con un libro entre las manos.

*

¿Me dejará decidir
dios cuando me reencarne
de qué carne me prefiero,
de viejo, joven o infante?

*

Tú me tiras las flechas
con tus dos ojos
y yo, san Sebastián
de tus antojos,
en el martirio
sueño, ingenuo, en el cielo
de estar contigo.

*

Tú también, como dios,
te has hecho carne
permitiendo a mi cuerpo
divinizarse.
Y mi herejía
practica en ti su culto
de idolatría.

*

El budismo te religa
y no es una religión.
Hace la vida sagrada
sin necesidad de un dios.

*

Un dios enamorado
pinta el paisaje.
No pinta desde fuera,
que forma parte
del mismo mundo.
Pintor sobre la tela
de su desnudo.

*

Los deseos se hacen carne
y habitan entre nosotros.

Tu eres diosa y yo soy dios.
Y todo amor, religioso.

*

Qué triste que está dios,
nadie le quiere
y por más que lo intenta
ni él mismo cree.
Sin fe en sí mismo.
Le pasa como a mí,
y así empatizo.

*

En el cielo, reencarnados,
nos amaremos los dos
sin tapar, sobre las nubes,
ante los ojos de dios.

*

Desnudos nos consagramos
en los altares del lecho
y blancos como dos hostias
nos comulgamos los cuerpos.

*

Ni Astarté, ni Tanit,
ni Afrodita:

la Virgen no gozó
de una caricia.
¡Si tuvo un hijo
y ni una vez siquiera...!
(Chitón. No sigo).

*

El preámbulo del sueño.
La hora del pensamiento.
El demonio de la guarda
abre el portón de los miedos.

X
Federico Olite

Con razón decía don Antonio Machado cuando ya lo había perdido todo menos su dignidad:

Se canta lo que se pierde.

Por ello no es extraño que en la poesía de amor domine como tema el desamor. Máxime cuando los poetas, hombres de acantilado, no dejan de asomarse al filo vertical de la quejumbre. No nos sorprenda, por tanto, que Federico Olite aumente con sus dos pozales de lágrimas el insondable pozo de los damnificados por el voluble Eros.

Y no hay riesgo de que se agote su vena, pues ningún toro encelado se lanza como él con más brío a tozar, una vez y otra vez, en el rojo capote del amor. Así que, muerta, exiliada o destronada una reina, tras dos días de obligado duelo, acude presuroso hacia los caladeros, lonjas y mercadillos del amor con su corona de ilusiones juveniles —que logra conservar a sus sesenta— buscando una nueva cabeza en donde colocarla bien ajustada y esta vez sí, seguro, no se caiga.

Escribiste en el hielo
que me querías
pero se ha derretido

tanta mentira.
Y en ese charco,
aunque no tiene fondo,
me estoy ahogando.

*

Tú fuiste solo la percha
en que mi invención colgó
una mujer inventada
donde tú eras solo yo.

*

La memoria es autónoma
y solo borra
de sus pliegues aquello
que se le antoja.
No puede el ácido
de mi dolor borrar
ser tu olvidado.

*

Mendigo del amor
de tus migajas,
pordiosero de ti,
pobre del alma.
Ni una propina.
Tu corazón no tiene
ni calderilla.

*

Ella me dijo «te quiero»
pero mentía.
Lo acepté para ser
feliz tres días.
Pagué contento
la pena de después
como un impuesto.

*

Todo yo mano extendida.
El deseo es pedigüeño.
Pasas de largo y me niegas
la moneda de tu cuerpo.

*

Estamos enfadados
todos los días
porque los malos hados
nos vampirizan.
Hadas y hados,
malos genios de cuentos
muy mal contados.

*

Tienes un par de caras,
como la Luna

y muestras, como ella,
tan solo una.
También como ella
careces de luz propia
y eres muy bella.

*

Te mendigué con los ojos
una limosna de amor,
pero no tenías cambios
porque el cambiado era yo.

*

Estoy besando un beso
que nunca he dado,
reviviendo caricias
que no he gozado.
Estoy herido
de vivir una vida
que no he vivido.

*

Me bebí y me emborrachó
tu copa de cuerpo frío
en donde hacía tintín
tu corazón de cubito.

*

Bajas, subes y rondas
cuanto te place;
invades mi memoria,
entras y sales.
Estoy vencido,
que no tengo el poder
de hacerte olvido.

*

Yo no sé cómo me ves
porque me ves con tus ojos.
Yo con los míos los tuyos.
Rebotando unos en otros.

*

Casi al fondo del olvido
vuelve a saltar tu centella.
Se me ilumina la mente,
pero Tú ya eres solo Ella.

*

Yo froto mi memoria
con el olvido
para no recordarte.
No lo consigo:
como la sangre
en cuentos de castillos
de nuevo sales.

*

Me dices que no me quieres
y, francamente, lo entiendo:
¿por qué habrías de quererme
si yo tampoco me quiero?

XI
César Martín

Como confirman los poemas que hemos seleccionado de César Martín, este posee —según él mismo me confesó— un amor a la familia inculcado por sus padres mediante el ejemplo cotidiano. Y nada más lejos en su concepción de la misma que la que está implícita (es decir, «envuelta entre sus pliegues») en su etimología, proveniente, como se sabe, de *famulus*, el conjunto de los fámulos, de las personas que servían a esa suerte de dictador doméstico que era el *pater*. Bien al contrario, César Martín se siente servidor de todos los que forman parte de su río sanguíneo, tanto aguas arriba —sus abuelos, sus padres— como los afluentes colaterales —su hermana— y los deltas de su propia descendencia.

Pese a lo dicho, César es un individualista que rechaza formar parte obligada de cualquier colectivo, pero, eso sí, mima esta asociación natural pese a que las ligazones —no es su caso— no tienen por qué ser necesariamente amorosas, pues también en las familias atan los rencores y los odios. De todos modos, la prefiere a los engrudos identitarios de las ideologías, la religión, el patriotismo, las banderas deportivas... y todas las demás formas de gregarismo de aquellos que buscan desesperados ser la parte de un todo porque, si no, se sienten no ser nada.

La caricia es tan solo
una escritura
de la lengua lejana
que ya en la cuna
la madre estrena
usando el pergamino
de una piel tierna.

*

Mater dulcissima

Ya no dices palabras
mas tu mirada
conserva todavía
el don del habla.
Y esa mirada
—tristeza con azúcar—
me da las gracias.

*

Tu vida se apagó
como una vela
soplada por la muerte.
Y todo a ciegas.
Te doy por gloria
el cielo temporal
de mi memoria.

*

Acuden de visita
cuando yo duermo
porque están aburridos
de estar tan muertos.
No piden tanto:
un papel en mi sueño
y un hueco abrazo.

*

Pasaste de la vida
a mi memoria
y allí estás abrigada.
No hay otra gloria
para los muertos
que nuestro camposanto
de los recuerdos.

*

El olvido es la noche
desestrellada,
mas de pronto un relámpago
—con luz de plata—
alumbra a un muerto
que me extiende las manos
desde el recuerdo.

*

Llamé a mi hijo Alcor
pues es el monte
desde donde veré
el horizonte
que no he de ver.
Porque cuando él lo vea
allí estaré.

*

Tú tan solo tienes dos,
yo más de setenta años
y sin embargo eres tú
quien me sostiene en tus brazos.

*

No se conoce en el cosmos
nada con tal poderío.
No existe fuerza mayor
como el abrazo de un niño.

*

No me llames abuelo,
llámame vuelo
porque tú eres las alas
con que me elevo
a la alegría,
que es cielo más alto
que hay en la vida.

XII
Octavio Luna

Para Octavio Luna la poesía no es tan solo una visión del mundo, sino que ella también forma parte del mundo. Un ser más entre los seres. Y por ello puede perfectamente flexionarse, contemplarse y hablar sobre sí misma como lo puede hacer sobre un ocaso. Entraríamos, pues, en el territorio de la metapoesía, que él prefiere llamar intrapoética.

Por otro lado, desoyendo a Machado (Antonio), le gusta a veces ir a la miel y no a las flores, es decir, no inspirarse directamente en la vida, sino en la imagen que esta deja en el espejo de otros poetas, y fruto de ello es su libro inédito *Variaciones sobre un tema de*, en el que transforma, deforma y juguetea con frases, versos o ideas de otros escritores.

Recojo también algunos poemas en los que arremete contra estilos poéticos que, no gustándole, han sido de enorme utilidad a la hora de perfilar el suyo, pues no solamente los poetas que uno ama son los que nos influyen, sino que quizás aún más aquellos cuyo sendero rechazamos. En el caso de Octavio, una cierta inclinación a la elegancia sentimental le genera el rechazo de los poetas que se abren en canal, como la res de Rembrandt, o aquellos que conciben el poema como un problema para el lector, que lo debe estudiar y resolver como una ecuación cuántica. Cierto es —sostiene— que la poesía se mueve en el terreno de la inefabilidad, lo que conlleva un cierto grado de ininteligibilidad racional (no afectiva), pero buscarla artificialmente lo considera una forma sutil de malevolencia literaria.

En otros poemas queda patente su condición de filólogo; lo que poco delimita, pues todos somos amantes de la lengua. Hasta los que no lo saben.

Me gusta que el poema
se meza y baile
sobre las ondas rítmicas
de un viejo traje.
Sonajero de rimas
en donde las palabras
son las semillas.

*

Saldré por cuarta vez
pese a Cervantes,
porque sigo creyendo
que son gigantes,
que no son ventas
y que sin par y hermosa
mi Dulcinea.

*

Lo dijo don Juan Manuel:
no hay mentira más mortal

que la que miente y engaña
empleando la verdad.

*

¿Por qué me llamas amigo?
No somos ni conocidos.
Nuestro trato es a lo más
el de la tangente al círculo.

*

Más veloz que Satán
cayó del cielo,
paso del entusiasmo
al desconsuelo.
Eso es crear:
pisar ascuas de un fuego.
Dudar, dudar.

*

Las aladas palabras
(lo dijo Homero)
parten de mi garganta
y emprenden vuelo
hasta tu oído.
Que allí se te acurruquen
y hagan su nido.

*

Me acusan de no rezar
y despreciar la lingüística.
Falso, que contigo ejerzo
la oración copulativa.

*

Tratad a las palabras
con tanto mimo
como hacen los franceses
en sus escritos.
Son tan atentos
que les ponen tejados:
los circunflejos.

*

Concentrado en su sí mismo
no para de eyacular
poemas que no fecundan.
Se llama el poeta Onán.

*

Tortas cabello de ángel,
echar un cuete,
espabilar, amores
de tarzanete,
hacer pucheros...
Metáforas perfectas.
¿Poeta? El pueblo.

*

Es poeta mondonguero
que nos muestra sus entrañas.
Todo tripa, todo semen,
todo sangre, moco y caca.

*

Que, como dice Dante,
los terremotos
son temblores del mundo
si tiene amores
lo comprendí
al tiritar mis piernas
cuando te vi.

*

Por el río del tiempo,
como las rocas,
ruedan los viejos versos
de viejas coplas,
que me conmueven
pues toda tradición
vence a la muerte.

*

Cómo imanta a mi vejez
tu juventud tan lozana.

¿Conoces algún demonio
que quiera comprarme el alma?

*

Cuando bajé al infierno
—y sin Virgilio—
me topé por sorpresa
conmigo mismo.
—¿Quién eres, sombra?
Me alcé del barro y dije:
«Uno que llora».

*

La jota es una flecha
con punta de alma
disparada del arco
del diafragma.
Apunta al cielo
y cuanto más asciende
más da en el centro.

*

Nuestras vidas son los ríos
que no van a ningún lado.
Corren, corren, corren, corren,
veloces pero parados.

*

Secas como sarmientos
y retorcidas,
boñigas de estreñido
tus poesías.
Tan encriptadas
que debieras venderlas
con abrelatas.

*

Aspiro a tanta gloria
como Helvio Cinna,
que trabajó ocho años
en su obra *Esmirna*.
De tal esfuerzo
la Historia ha conservado
tan solo un verso.

*

Cual chorro de energía
salta la jota
desde el fondo del cuerpo
hasta la boca.
La jota, el cierzo
nacido en el Moncayo
del sentimiento.

*

Copulan (lo dijo Lope)
el papel (que es la mujer)
con el varón (que es la pluma).
Sea lo escrito el placer.

*

Yo quiero ser sin ser,
ser solo siendo,
confundido, fundido
al universo.
Y, sin conciencia,
dormir junto a san Juan
entre azucenas.

*

Algunas veces tengo
la sensación
que los poemas viven
donde Platón
vio las ideas
y que escribir es solo
reminiscencia.

*

Destilas con lentitud
la columna de tus versos.
Poema: la estalactita
en la cueva del silencio.

*

Qué descansada vida
la del vencido
que en su melancolía
vive escondido.
Es el traidor
y a la vez, en sí mismo,
es su traición.

*

El baile horizontal
(lo dijo Huidobro).
La cama da crujidos,
grillos del gozo
¿o son de muelles?
Puede ser, que dos buques
soplan sus fuelles.

*

Unamuno decía
que la bandera
de España es sangre y bilis
y yo quisiera
una invisible
que ondee para todos:
el aire libre.

*

¿Qué es poesía? preguntas.
Es pensamiento sentido
o sentimiento pensado,
que es igual y no es lo mismo.

*

No digas que son bestias
los animales,
pues ellos cuando matan
son naturales.
Porque los lobos
jamás han sido hombres
para los lobos.

*

Tú (lo dice Gracián)
no tienes niñas,
que solo tienes viejas
con las que miras.
Y ves el mundo
con los ojos fangosos
de tu yo turbio.

*

A tus sentimentalismos
no los llames poesía.
Son las poluciones diurnas
de tu gran cursilería.

*

Metonimias, metáforas,
prosopopeyas,
calambures, oxímoros,
epifonemas…
Ojo a la salsa:
que no quede tu obra
muy sazonada.

*

Poética

Clara, limpia, pulida,
reconcentrada,
comprensible, emotiva,
bien sustanciada.
Que sea hija
del corazón, la mente
y la sonrisa.

*

Como un taxidermista
de sentimientos
clavas tus mariposas
en el tablero
de tus poemas.
Con un fino alfiler
las dejas muertas.

*

Durmiendo como Homero,
Juan de la Cruz,
también perdió el oremus
y sin la luz
que era su guía
hizo a veces poemas,
no poesía.

*

Mi corazón, las olas,
las estaciones,
las fases de la luna,
las floraciones...
Todo confirma
que el universo entero
ama la rima.

*

Flotando en las espaldas
de tanta historia
de escritores leídos,
haces tu obra.
Y allí eres tú
una gota que aumenta
su glugluglú.

*

Los morros de flautín,
el culo prieto,
los ojos blanquecinos,
melífluo el gesto…
Me quedan dudas
si recitas poemas
o si eyaculas.

*

La ostra del aburrimiento
va fabricando el poema
en el mar muerto del tiempo,
lentamente, como perla.

*

«No la toques ya más
y entra en mi rosa»
escuchó Juan Ramón
de su Zenobia.
«Abandonarte
hasta sentirte solo
dios deseante».

*

Me gusta la certeza,
precisa y limpia,
y me gusta el misterio
con su neblina

donde acarician
los dedos de mis ojos
la poesía.

*

Evacúas muy prieto,
como boñigas
del que por estreñido
con gran fatiga
echa sus versos
siempre con la compaña
de muchos cuescos.

*

Escribe para ti mismo
y servirá a los demás.
Lo otro es el egoísmo
que se llama vanidad.

*

Las interrogativas
hacen preguntas
y conllevan por tanto
actos de escucha.
Y, siendo orejas,
?no debieran sus signos
darse la vuelta¿

*

Si un diálogo es que hablan dos,
¿un biólogo sería
aquel que sabe trabar
conversación con la vida?

*

Nueve años, decía Horacio,
en barricas de silencio.
El reposo, como el vino,
mejora el sabor del verso.

*

El Polifemo del sol
con su gran lengua me lame.
Me disuelve la conciencia
y, como Ulises, soy Nadie.

*

Me siguen imantando,
como de niño...
Soy aún más que un mamífero,
soy un mamófilo.
Beso tus pechos,
que son las magdalenas
de los maternos.

*

Náufrago

Arrojo la botella
de mis poemas
al mar de indiferencia
que me rodea.
No —tras leerlos—
te esfuerces en buscarme:
ya estaré muerto.

XIII
Víctor Redondo

Víctor Redondo, como Machado (Antonio), con su trabajo de profesor paga el traje que le cubre y la mansión que habita. Aun enamorado de su profesión, en los momentos de desengaño defiende que tiene la salvación garantizada, pues practica con creces una obra de beneficencia: no solo enseña al que no sabe, sino al que no quiere saber.

Por diversión, a veces propone en clase para comentario de textos literarios algún poema suyo, ocultando su autoría, y luego pelea como uno más con los alumnos discutiendo su sentido. Que en alguna ocasión le venzan le reafirma en la idea socrática de que los poetas no saben muy bien de lo que hablan.

Como profesor es apacible y mucho tiene que subir la temperatura de la clase para que la agitación de las moléculas y los moléculos le fría la sangre. Mas sí se la socarra la estupidez y la maldad social e individual. Acepta que la vida conlleve tristezas estructurales (la enfermedad, la muerte...), pero no puede asumir que los humanos las aumentemos artificiosamente (la tiranía, la pobreza, la guerra...). Sin embargo, no es de estas grandiosas tragedias de las que Redondo escribe. Su territorio es el de las menudencias, el de esas nimiedades que con tan solo rozar los cuernecillos de nuestra alegría nos la hacen replegar para refugiarse en su cueva de caracol, donde se transforma en bilis y, por saturación, en sátira que debe liberarse por los aliviaderos del poema.

A él le gustaría contemplar la insensatez humana con la mirada bondadosa y comprensiva de Chejov, pero no puede contravenir la inclinación de su estrella y a veces se aproxima más al humor malhumorado de Quevedo.

Tu cabeza es tan solo
un culo alto
por donde ventorreas
tus comentarios.
Usa tu lengua
como papel higiénico
de tus ideas.

*

Tú no cambias de pensar
porque jamás has pensado:
eres hombre de carril.
De carril descarrilado.

*

¿Cómo puede aceptar
que eres un necio
tu propia necedad?
No te me enfrento
por cobardía:

¿cómo tener valor
ante un gorila?

*

Dijiste que eras un necio
para fingir humildad,
que es costumbre de los falsos
el mentir con la verdad.

*

La diversión no te evade
y sigues en la prisión
en que te has encarcelado
por haberte hecho traición.

*

No es mirada de vaca
sino bobina,
cara de pasmarote
con su babita;
de zorrocloco,
de tonto pero listo
para lo propio.

*

Tira de la cadena
del pensamiento

y echa de tu cabeza
tus excrementos.
No te derrames.
Todo dentro de ti,
taza de váter.

*

Cataratas del cerebro,
niágaras de estupidez.
Vela tu mente la tela
tupida de tu memez.

*

Tu humildad es la forma
de la soberbia
que disfraza tu cara
con tu careta.
Tu hipocresía
te hace la cara dura,
la petrifica.

*

Te disfrazas con caretas
todos los días del año.
Aprovecha el Halloween:
muestra cómo eres: da espanto.

*

Tu sexo es una planta
antropofágica
que se come a los hombres
que por sus rampas
caen sin ventura
en las disoluciones
de tus dulzuras.

*

Te levantas sin mirarla
y le pagas tu dinero
tras esa masturbación.
(Onanismo del putero).

*

Hablas, hablas y hablas,
sin decir nada:
tu boca es solo un vientre
con catarata.
Tu verborrea
—descompuesto el cerebro—
es tu diarrea.

*

Por el glande de tu boca
supura tu gonorrea.
No eyacules en mi oído
tu infección de logorrea.

*

Blablablablablablablabla,
blablablabla blablablá.
Blaba. Blaba. Blabla. Blaba.
Blablablablabla, blabá.

*

Has sido toda tu vida
un error de dirección:
siempre adelante, adelante,
y jamás al interior.

*

Avestruz

Conque le den dos gotas
a tu desierto
vives tan ricamente,
conforme y quieto.
No te das mal
y escondes tu cabeza
por vía anal.

*

Eres hombre de esquinas,
de recovecos,
de más retorcimientos

que olivo viejo.
Ganas con creces
cualquier papiroflexia
con tus dobleces.

*

Nada más que te vemos
en estampida
buscamos (¿dónde? ¿dónde?)
una salida,
pues das sopor.
Eres más que aburrido:
aburridor.

*

Qué terrible tu alopecia,
qué terrible tu presbicia,
pero qué ufano paseas
con tu imperial estulticia.

*

Un machista como tú
pretende cuando se casa
tener bajo su poder
además de chocho chacha.

*

Aprendiste hipocresía
por vivir en sociedad
y has logrado el objetivo,
que ser falso es tu verdad.

*

Tremolas con todo orgullo
la gran mata de tu pelo.
Cómo no te va a crecer
sobre un cerebro de fiemo.

*

«Que vivan las caenas»
gritaba el pueblo
que gustaba del palo
y el tente tieso.
Hoy braman otra:
«Que vivan las cadenas
y plataformas».

*

La sociedad otra vez
vuelve a estar movilizada
sin moverse del sofá
y en el móvil hechizada.

*

Cada uno es cada uno
y todos sois diferentes
con unas nimias variantes
que me son indiferentes.

*

Nada tiene más hambre
que tu avaricia.
Muerdes, desgarras, tragas
con tal codicia
que todo es poco.
Que te den, como a Craso,
chupitos de oro.

*

Tu hipocresía, perfecta,
te rinde buenas ganancias,
que a ti siempre te ha salido
la máscara muy barata.

*

El motor de explosión
de tu violencia
tiene por gasolina
tu vinolencia.
No son caballos
los que miden tu fuerza:
lo son tus asnos.

*

Deberían coserte
—por envidioso—
con alambre los párpados
de tus dos ojos.
Triste pecado
que por no dar no da
placer pecando.

*

Sabes de música, de arte,
de cine y filosofía...
Tan solo no sabes nada
de cómo vivir la vida.

*

Amas la humanidad,
no a los humanos;
es decir, lo distante,
no lo cercano.
Y eso te afecta:
no te amas a ti mismo:
estás muy cerca.

*

Ya nos sirven sus riñones
y se ha de llegar más lejos:
a ti podrán trasplantarte
un buen cerebro de cerdo.

*

Político sin vergüenza,
aún pasarás a mayores
pues cada vez juntas más
la preposición y el nombre.

*

Vendiste tus saberes
a bajo precio
dando clases a un coro
de alumnos presos.
Los aburrías
y por vengar sus vidas
te la jodían.

*

Pasea ante tu mirada
la rueda de tus caretas.
Las miras y te preguntas
cuál de todas es la cierta.

*

Instantánea

Te pones en la cola
de los turistas
con la cámara en ristre.

Tú, fotocida
que, disparando,
almacenas las vistas
que no has mirado.

*

No solo eres ególatra
y egocentrista:
egotista también
y harto egoísta.
Y de estirado,
doblándote en ti mismo
besas tu ano.

*

Solo sabes de música
mover las nalgas,
que agitas cuando cantas
como maracas.
Con cuánta furia
nos bendice tu hisopo
de la lujuria.

XIV
Emilio Forcén

De su obra *Yoes*, recojo de Emilio Forcén los siguientes fragmentos:

«Ninguna alada palabra salta el muro de nuestros dientes (metáforas de Homero) más veces a lo largo del día y, sin duda, ninguna es portadora de un significado más confuso como "yo", pronombre con el que damos consistencia marmórea —petrificada en el espacio y constante en el tiempo— a lo que solo es un magma tembloroso y deshilado, un reino dividido de señores feudales que intentan, peleando, destronar al rey imperante y alzarse con la monarquía absoluta de uno mismo».

«Para algunos, la almendra de ese yo es la conciencia, la con ciencia, la sabiduría de uno sobre uno; la ciencia sin distancia, pues en ella se funden el medio de saber y lo que debe por ella ser sabido. Pero la sabiduría más sabida es la ignorancia, buscada y consentida. Bien lo expresó un Aleixandre, viejo como Moisés, en verso memorable: *No sé si me conocí o si aprendí a ignorarme*. O como, con más gracia, decía don Ramón en una greguería: *Frente al «yo» y al «superyó» está el «qué sé yo»*.

«Ayuda a esta ignorancia la imperiosa necesidad de la mentira íntima, con la que debemos recortarnos para ensamblar nuestra pequeña pieza en el puzle del mundo».

Pero si algo no aguanta Forcén de su yo (o de sus yoes) es su logorrea interior, la incontinencia verbal de su cerebro, su cistitis torrencial de naderías que no sufriríamos escuchar de un tonto exterior, de un tonto que no fuera el uno mismo. No soporta tampoco su incapacidad de matar a ese yo siquiera unos instantes y satisfacer por fin la añoranza del humano de dejar por un momento de ser humano, de dejar de ser uno y llegar a ser cero, lo más cercano que un hombre puede estar del infinito.

No pienses, pensamiento;
quédate quieto.
Pero pensar «no pienses»
ya es pensamiento.
Solo se para
si me sacas de quicio
cuando me amas.

*

Párpados para no ver,
párpados para no oír,
párpados para no oler,
párpados por no sentir.

*

En la hora sagrada
del conticinio

todo queda callado,
hasta tú mismo.
Oye el silencio:
desde él te trepa a pulso
tu yo secreto.

*

La conciencia es la alambrada
que me separa del mundo.
Un país llamado yo
cuyo tirano es orgullo.

*

No sé nada de nadie
ni de mí mismo.
Quiero vivir sin vida,
sin compromiso.
Solo y soltero.
Cerveza sin sabor.
Cero con cero.

*

Me fui de viaje muy lejos
para huirme de mí mismo,
pero mi mí me siguió,
que un yo siempre es un conmigo.

*

No tengo soledad:
estoy conmigo,
con ese charlatán
que sin respiro
me bombardea
con la futilidad
de sus ideas.

*

Uno se acostumbra a todo,
hasta a la misma costumbre,
un mar que no tiene sal,
un fuego que arde sin lumbre.

*

Has perdido la vida
por ser cobarde
y no tener valor
para enfrentarte
con tu enemigo,
que siempre ha estado lejos
y eras tú mismo.

*

En una tierra sin sol
soy la sombra de mí mismo.
Milagroso es que dé sombra
lo que jamás ha existido.

*

Yo tengo en el cerebro
juegos de ojos.
Me pongo a veces unos
y a veces otros.
De lo que veo
tan solo estoy seguro
que no lo veo.

*

Olas del mar del aire.
El viento sopla.
Bambolea mi mente,
que se abandona.
Cruza por dentro.
Libre de polución.
Sin pensamiento.

*

Ojalá fuera uno
pero soy dos
y cada uno tira
hacia su yo.
En esa lucha
el campo de batalla
está en mi nuca.

*

Los años son termitas
de mis historias
y se comen la pulpa
de mi memoria.
Queda un polvillo:
túmulos funerarios
de tanto olvido.

*

En el muro de tu cuerpo
te va escribiendo la mente
dolencias que son grafitis
que deberías leerte.

*

Me preguntó la esfinge:
«¿Y tú quién eres?».
Yo le dije mi nombre.
«Ese no eres,
es tu etiqueta».
Se me tragó de golpe.
Mala respuesta.

*

Haz, haz, haz, haz, haz, haz, haz:
dale prisa al paroxismo:
tienes que ser muy veloz
para huirte de ti mismo.

*

Como un grifo averiado
siempre gotea,
mi mente vierte y vierte
unas ideas
sin pensamientos.
Cenizas apagadas
de ningún fuego.

*

Con qué habilidad me hui
para no verme a mí mismo.
¿Quién soy de los que desfilan
en mi espejo de espejismos?

*

Voy a darme un paseo
por mi cabeza
en busca de hallar algo
que me sorprenda.
Vuelvo aburrido.
Solamente estoy yo
y estoy muy visto.

*

La razón es tan solo
la habitación
pequeña de la casa

y la intuición
es el salón
que da a mi dormitorio:
la inspiración.

*

Comenzó sus memorias
por confirmar
que ha vivido la vida.
Para empezar
escribió «Yo»,
meditó sobre ello
y no siguió.

*

Su nariz en mi cristal:
quiere el mundo entrarme dentro.
No consigue atravesar
mi muro de pensamientos.

*

Mi cuerpo va cambiando,
también mi mente.
Entonces, ¿quién soy yo?
El afluente
del afluente
del afluente de
otro afluente.

*

Como gotas de mercurio
me voy juntando en mí mismo.
Qué contento está mi yo
de tener mis yos consigo.

*

El yo en realidad
es un yoyó:
por mucho que lo tires
vuelve a su yo.
Solo contigo
—si tú eres quien me juega—
logro un exilio.

*

En las fisuras del sueño
se libera tu verdad
porque solo cuando duermes
se duerme tu autoridad.

*

Cojo por el pecho a mi alma
y la obligo a que haga algo.
¿Quién gobierna sobre mí
si no soy yo el que está al mando?

*

Nadie ha trabajado más
como tú de niño a viejo,
camionero infatigable
de arena de pensamientos.

*

Yo soy el que no soy
(como vosotros),
porque soy el derrumbe
de un terremoto
que no domino.
Soy tan solo el alud
de lo que he sido.

*

Quién tuviera un visor
del decidir
que mostrara los yoes
del porvenir.
Las consecuencias
de las bifurcaciones
de la existencia.

*

Si los ríos serpentean,
a qué viene tu obsesión
de enderezar a martillo
los meandros de tu yo.

*

Si hubiera interruptores
para cerebros
y así desenchufarme
por un momento
y, abandonado,
gozar —disuelto en todo—
de no ser algo.

*

La estatua de mí mismo
tan solo quiere
un poco de ternura
que me destense;
lograr, caído,
la horizontalidad
del derretido.

*

Tira de ti tu yo,
échalo lejos
y goza de un instante
sin pensamientos.
Que entre la vida:
estás mucho más lleno
si te vacías.

XV
Pablo Floristán

Pablo Floristán pertenece, dentro del gremio de los peluqueros, al raro subconjunto de los que no hablan, tan solo canturrea —más hacia dentro que hacia fuera, en un susurro adormecedor— lo que parecen fragmentos de zarzuela. Con las castañuelas de las tijeras se marca el ritmo. Si, sorprendidos por las letras que no asocian con ninguna obra, sus parroquianos le preguntan por su autoría, él se inventa una y otra. «Es de *La perezosa*, del maestro Erribagoitia» me dijo a mí cuando lo hice, pero en una esquina de su mirada y de su sonrisa advertí que me mentía. Convenientemente interrogado, confesó y, atendiendo a mi petición, me citó días después para dejarme un manojo de los poemas que cantaba.

Acudí acompañado de una amiga que, al leerlos, le reputó de compositor de madrigales dieciochescos. Hubo que explicarle qué era aquello y, al acabar, Floristán la miró con picardía y le espetó que no le importaría que una mujer hermosa como ella refrescara sus calores dándose aire con un abanico en donde estuviesen pintados sus poemas.

Me gusta cuando ríes
porque te abres
como se abren las flores

primaverales.
Flechas voladas
del carcaj de tu boca
tus carcajadas.

*

Déjame disolverme
como un soluto
en el gran disolvente
de tu absoluto.
Azucarillo
en el agua ya dulce
de estar contigo.

*

Nos quitamos las capas
de la cebolla.
Primero los abrigos,
luego la ropa
y al fin la carne.
Tan solo la pasión
de dos y nadie.

*

Tu caricia es una nave
que va cruzando el espacio
y cuerperiza en mi piel
su vuelo interplanetario.

*

El deseo es la fuerza
que nace dentro,
mas lanza sus tentáculos
al mar del cielo.
Si halla los tuyos
somos los ocho abrazos
de un par de pulpos.

*

Tu ausencia fortalece
más tu presencia
y, si te has ido, al punto
esa carencia
llena el vacío,
ocupándolo todo,
sin ti, el contigo.

*

Tu boca es una gruta
de estalactitas
(¡esos dientes tan blancos!)
y estalagmitas.
Es la abertura
por la que descender
hasta tu altura.

*

La cara con la cara,
pechos unidos,
apretando los cuerpos
para fundirnos.
Trenza de brazos
el dulcísimo postre
de los abrazos.

*

En los viejos lapidarios
debiera estar incluida
la piedra rosa (tu cuerpo).
La piedra que da la vida.

*

Van cayendo por mi cuerpo
las gotas de tus caricias.
Así reciben los campos
la bendición de la lluvia.

*

Lo que más acompaña
son las ausencias,
pues lo que no se tiene
siempre está cerca.
Estás conmigo
desde el mismo momento
en que te has ido.

*

Las mariposas vuelan
sin hacer ruido.
Yo susurro el poema
junto a tu oído
y en otro vuelo
deja en tu flor el polen
de lo que siento.

*

Los ojos pueden besar,
el olfato puede ver,
el tacto puede gustar,
los labios pueden leer.

*

Exhalamos las almas
con un suspiro,
pues al fin del amor
ambos morimos.
... Resucitamos
cada cual con su cuerpo.
Como exiliados.

*

Como dos plastilinas
nos amasamos
piernas, vientres y pechos,

labios y brazos.
Tan apretados
que no sé dónde empiezo
ni dónde acabo.

*

Y apareciste tú
como una estrella
que hizo cambiar la ruta
de mi planeta.
Qué maravilla
que lograras sacarme
de mis casillas.

*

Nos hacemos un lío.
Piernas y brazos
como un cuadro cubista
de Ruiz Picasso.
Cuerpos unidos
en el ocho tumbado
del infinito.

*

Mis deseos terminan
en mis diez dedos,
donde hago las sinapsis

sobre tu cuerpo.
De una a otra célula
vuelan nuestros placeres
como libélulas.

*

No hay peso más ligero
que el de tu cuerpo
tendido sobre el mío
pecho con pecho.
Peso hacia arriba:
solo da pesadumbre
si se retira.

*

Si no te encuentras tú
me sobra cama
y allí mi soledad
es una barca
zarandeada
por olas de recuerdos
de cuando estabas.

*

Carecen de densidad
los vapores del deseo.
Los vuelve caricia en lluvia
la gravedad de tu cuerpo.

*

Tú eres un acantilado,
yo nado en tu mar de piel
sin más ojos que mi tacto,
sin más viento que el placer.

*

El olfato, la vista,
el gusto, el tacto
y el oído se abren
dándote paso,
porque en el sexo
conviven todos juntos.
Incluso el sexto.

*

Somos como dos células
con sus tentáculos,
árboles de mil manos
con que buscarnos.
Nada más fácil:
basta que nuestros labios
hagan sinapsis.

*

Como si fuera una sábana
con tu brazo y con tu muslo

me abrigo para dormir.
Con tu desnudez me cubro.

*

La caricia es un barniz
de alegría sobre el cuerpo.
Dámelo, restauradora,
con el pincel de tus dedos.

*

Mi cabeza en tu pecho
oye el envío
del mensaje de morse
de tus latidos.
Yo con mis dedos
tecleteo respuestas
sobre tu cuerpo.

Epílogo del antólogo

¿Te ha producido el libro
un sentimiento?
¿Acaso una sonrisa?
¿Un pensamiento?
Confío en que
al cerrarlo no digas:
—Bien, ¿y a mí qué?

Títulos publicados

PREGUNTA
ediciones

Relatos

Las pérdidas rojas. Chusa Garcés
Cuentos detrás de la puerta. Begoña Abad
Amor, blanco roto. Chusa Garcés
Letras de tinta. Lourdes Aso Torralba
Baños de Panticosa. Premios Literarios. Varios autores
Sobreexposición. Laura Bordonaba Plou
Desde el otro lado. Prosas concisas. Fernando Aínsa
Buscando los orígenes de aquello. Irene Achón, María Jesús Artigas, Alberto Delmalo, Ana García, Coral González, Anabel Hernández, Aitana Muñoz, María José Pardo, Eva Pardos, Elisa Pérez, Manuel Pinos, Pilar Royo
Brioleta. Encuentro de escritoras aragonesas. Lourdes Aso Torralba, María Pilar Benítez Marco, Elena Gusano Galindo, Chusa Garcés, Blanca Langa Hernández, Angélica Morales, Marta Navarro, Almudena Vidorreta
Los soñadores. Roberto Malo
Bilbilitanos en la historia. Ricardo Ramos Rodríguez
El dolor del cristal. Sergio Royo
Polar. Laura Bordonaba Plou
La prueba final y otras historias cortas. Ganadores del Certamen de Cuentos y Relatos Breves Junto al Fogaril
Viviendo en tiempo brutal. Sergio Royo
Contemplación. Franz Kafka
Zaragoza turbia. José María Tamparillas
Sabor metálico. Eva Pardos Viartola
Cuentos esféricos. Chema González
Canciones tristes que te alegran el día. Miguel Mena
Todo es agua. Begoña Fidalgo
Mar de lejos. Manuel Pinos
Y de repente esta lluvia. Sergio Royo
De bares y mujeres. Marta Armingol, Olga Asensio, Laura Bordonaba Plou, Clara Castán Ibarz, Begoña Fidalgo, Paula Figols, Chusa Garcés, Magdalena Lasala, Elvira Lozano, Rosa Martínez, Angélica Morales, Eva Pardos Viartola, Clara S. Mendívil, Laura Serrano
Diáspora. Isabel Gutiérrez Cía
Relatos de La Flama. María Jesús Artigas, Emilia Bayod, Marta Gascón, Clara Járboles, Merche Llop Alfonso, Abraham José Mendoza Diloy, Eva Pardos Viartola, Alfredo Pérez, Elisa Pérez Ibarra, Manuel Pinos, María José Sanjuán, Wenceslao Varona López, Gloria Verdoy
Un martes cualquiera. Laura Latorre Molins
Con voz y voto. Pioneras americanas del relato social y la ciencia ficción y tres piezas del teatro sufragista británico. Edición de Isabel Alquézar y Berta Lázaro
Todos los crímenes del mundo. Sergio Royo
Un punto de destello. Pecker
Todos-los-santos. Jorge Martínez
Periferias del deseo. Antón Castro

Novela

El último concierto de David Salas. Roberto Malo
Crónica de un deseo. Antonio Ventura
Verde mar del norte. Clara Castán Ibarz
La brújula del universo. Mario de los Santos
El eco entre la bruma. Ricardo Ramos Rodríguez
Las sombras del Imperio. Ricardo Ramos Rodríguez
La movida que te salvó. Mariano Pinós
Merecer la vida. Laura Serrano
Cariñena. Antón Castro
Los días blancos. Marta Armingol
Declive. Fernando Rivarés
Canciones ligeras. Miguel Mena
Hannibaal. Miguel Carcasona
Inventario de monos. Galgo Cabanas (Mario de los Santos y Óscar Sipán)
De viento y sal. Clara S. Mendívil
Jimena. Magdalena Lasala
Catorce. Paula Figols
El silencio y su canción. Ángel Gracia
Marta. Víctor Juan
La nota muerta. Rosa Martínez
Para cenar, aire. Pedro Bosqued

Las batallas perdidas. Jaime Tomás
La fugitiva. Clara Járboles
Alcohol de quemar. Miguel Mena
La casa de los dioses de alabastro. Magdalena Lasala
Tristán. La ética del monstruo. Javier Romero Collazos
Puente de Hierro. Miguel Mena
Máscara. Ricardo Ramos Rodríguez
Leopardos en el diván. Gonzalo Fontana Elboj
Lucífugo. José María Tamparillas
Bendita calamidad. Miguel Mena
La estirpe de la mariposa. Magdalena Lasala
El colapso de la colmena. Julia Jiménez Carrera
Los Hijos de Hura. Abdelrahim Kamal
Dinero caído del cielo. Reyes Salvador
No podría estar más contenta. Marisol Aznar y María Frisa
Leitmotiv. Sergio Sarsa
Profanación. Ramón Acín
Onda Media. Miguel Mena
Proyecto Sada. Javier Gastón
La vista atrás. Laura Serrano
Pájaros azules en Roma. Miguel Ángel Nievas
Alerta Bécquer. Miguel Mena
Taquicardia. Teresa Álvarez
Moncayo estrés. Miguel Mena
Eva, la bibliotecaria. Ignacio Sanz
Los ojos tras la montaña. Pablo Fantova Ullod
Las lechuzas no son lo que parecen. Noemi Risco Mateo
La última heredera. Magdalena Lasala
Evelyn y Lizzy. Un homenaje a Jane Austen. Eva Morera
El amor y la muerte. La tragedia de Eloísa y Abelardo. José Luis Corral
Moracanta. Julia Jiménez Carrera

Poesía

Litiasis. Manuel M. Forega
Todas las religiones son una / No hay religión natural. William Blake
Estoy poeta (o diferentes maneras de estar sobre la Tierra). Begoña Abad
AntiaéreA. Encuentro poético en Zaragoza. Carmen Camacho, Alicia García Núñez, Marta Navarro, Chus Pato, Inés Povar, Miriam Reyes, Sandra Santana, Hermanas del Hambre (Elisa Berna y Charo de la Varga)
Todo estalla dicho. Elvira Lozano
La experiencia de la poesía. Ángel Guinda
AntiaéreA II. Poesía encontrada en Zaragoza. Ajo, Eva Antón Bravo, Zhivka Baltadzhieva, Isabel Bono, Javier Corcobado, Cristina Járboles, Laia López Manrique, David Mayor, Carmen Ruiz Fleta
Diez años de sol y edad (Antología 2006-2016). Begoña Abad
Alud. Javier Fajarnés Durán
Los países de piedra. Pablo Javier Pérez López
Existe algún lugar en donde nadie. Juan Pablo Roa
Te mataré mientras vivas (Coronación supersónica). Raúl Herrero
La ciudad y el cuchillo. Javier Fajarnés Durán
Vidrieras. Laurent Tailhade
El tiempo de las alambradas. Antología poética. Antonio Orihuela
Esta vida verde. Antología poética. Lyn Coffin
Las palabras son nocivas. Antología poética. Amador Palacios
Las locuras ya no son locuras. Antología poética. Ferruccio Brugnaro
El techo de los árboles. Begoña Abad
Satirologio. Epigramas del siglo XXI. José Verón Gormaz
Caballo de mina. Gerardo Vacana
Big Bang. José Luis Esteban
Los signos en el agua. Noventa y nueve poemas. Joaquín Sánchez Vallés
Avanza el olvido. Javier Ramón Jarne
Fábrica de la seda. Miguel Ángel Curiel
Casa junto al arrecife. Enrique Ariño Gil
Trivium. Marcos Castillo Monsegur
El lenguaje de las ballenas. Begoña Abad
El libro de horas. Rainer Maria Rilke
Gran Guiñol. Miguel Ángel Ortiz Albero
Cantares y presagios. José Verón Gormaz

Marcha por el desierto. Sandra Santana
Una guitarra de contrabando. Gerardo Vacana
Diccionario de garzas y de mirlos. Pablo Javier Pérez López
Piedra y tijeras. Nacho Tajahuerce
#MedeaHaVuelto. Angélica Morales
Madres. Begoña Abad
Todas las moradas de mi aliento. Jacques Meylan
Razón de espera. Rafael Lobarte Fontecha
Poesía. Guido Cavalcanti
Tránsito. María Pilar Martínez Barca
Viejo. Sergio Gómez
Barro. Miguel Ángel Curiel
Historia del mundo antiguo. Joaquín Sánchez Vallés
Este día, este momento. Juan Pablo Roa
El miedo del doble a la soledad. Rosa Martínez
Un vuelo sin la mecánica adecuada. Pecker
Brioleta volumen 2. Poesía aragonesa en femenino. Carmen Aliaga, María Pilar Benítez Marco, Mar Blanco, Marta Domínguez Alonso, María Dubón, Ana Giménez Betrán, Reyes Guillén, Blanca Langa Hernández, Angélica Morales, Trinidad Ruiz Marcellán, Helena Santolaya y Carlota Urgel
Entre el huerto y el corral y otros versos. Gerardo Vacana
Cantar cuarenta. Cancionero completo 1983-2023. Gabriel Sopeña
Sálvida. Sofía Díaz Gotor
La fuerza de la tierra. Paula Martínez
Ahab. Antología poética. Carlos Ramos
Enseres del invierno. Miguel Carcasona
A la izquierda del padre. Begoña Abad
La muerte se llama Juan. Joaquín Sánchez Vallés
Y ¡PUM! Un tiro al pajarito. Sandra Santana
La vida de María. Rainer Maria Rilke
Lamia, Isabella, La víspera de Santa Inés y otros poemas. John Keats
Un abrazo fuerte. Homenaje al poeta David González. Patxi Irurzun y Nacho Tajahuerce (coords.)
Los puntos cardinales. Rafael Lobarte Fontecha
Llaves para una revolución. Begoña Abad
Unheimlich. pierre d. la
Los dones. Begoña Abad y Raquel Marín
Luciérnagas. Marcos Castillo Monsegur

Libro ilustrado

El dibujante de relatos. Antón Castro y Juan Tudela
La península de Cilemaga. Helena Santolaya
Marcianos. Sergio Algora y Óscar Sanmartín
La odisea de Fortunato. Pere Inglés y David Girón
Las aventuras de Juan Lázaro. Rafael Yuste Oliete y Ricardo Pedro Polo Cutando

No ficción

Reconstrucción. Miguel Ángel Ortiz Albero
Sahara Occidental. Cuarenta años construyendo resistencia. Varios autores
Residencia y tránsito de las letras en Aragón. Fernando Aínsa
Diario de campo de un psicólogo en un club de fútbol. Luis Cantarero
Marcelino. Muerte y vida de un payaso. Víctor Casanova Abós
Aragón en el sistema solar. Carlos Garcés Manau
Los poetas malditos. Paul Verlaine
Poetas y poéticas. Ensayos. Amador Palacios
Del espejismo de la revolución a la venganza de la victoria. Guerra y posguerra en Barbastro y el Somontano (1936-1945). José María Azpíroz Pascual
Nerín. Memorias compartidas. Varios autores. Edición de Rafael Latre
Sahara Occidental. Del abandono colonial a la construcción de un estado. Varios autores
El hombre elefante. Frederick Treves
Pasaron por aquí. Antón Castro
Nacer para aprender, volar para vivir. Un acercamiento a la poesía de Begoña Abad. José María García Linares
¡Cállate, papá! Padres y violencias en el fútbol industrial. Luis Cantarero
Metodologías activas en el aula. Varios autores
Gamificación educativa. Varios autores
El viaje exterior. Ensayos censores IV. Manuel Martínez-Forega

Teruel. Otra dimensión. Juan Villalba Sebastián

Opiniones de mujeres. María Domínguez

La guerra de los robots. Cómo la tecnología está cambiando los conflictos armados. Francisco Rubio Damián

La escritura por venir. Ensayos sobre arte y literatura en los siglos xx y xxi. Sandra Santana

La vida al alcance de la mano. La discapacidad a través de mi historia. Álex Sánchez

El viaje exterior. Ensayos censores v. Manuel Martínez-Forega

El camino de la serpiente. Escritos ocultistas. Fernando Pessoa

La jota, aragonesa y cosmopolita. De San Petersburgo a Nueva York. Marta Vela

El bazar infinito. Rutas y mares entre Oriente y Occidente. Alberto Cebrián

Ríos que mueren sin mar. Viaje por las culturas de Asia central. Enrique Ariño Gil

Humanizar el fútbol. Deporte y transformación social. Julio Salinas y Luis Cantarero (coords.)

Tú eres antes que todo. Correspondencia de Ramón Acín y Conchita Monrás. Víctor Juan

Adolescentes del siglo xxi. Técnicas de liderazgo parental. Marisa Felipe

Aurora y la celiaquía. Laura Marín

Zaragoza. Historias de ida y vuelta. Miguel Mena

Aragón. Formas de ser. Miguel Mena

Viaje al mar. Diario de un nabatero. Kike Fernández

Un violinista en el Titanic. Tribulaciones de un heterodoxo. Ángel Garcés Sanagustín

Diario del último año. Florbela Espanca

Juan de Velasco, primer maestre de campo de la Ciudadela de Jaca. Marcos Mayorga

Creatividad de andar por clase. Asunción Porta

Albarracín. Un viaje en el tiempo. Juan Villalba Sebastián

Diálogos en cautividad. Antón Castro

Deambulatorio. Miguel Ángel Ortiz Albero

Mauricio Aznar y Almagato. La historia. Jaime González

Máquinas que cuentan historias. La inteligencia artificial y la literatura del futuro. Varios autores

Cincuenta estaciones europeas. Catedrales de la modernidad. Alfonso Marco

La jota, aragonesa y liberal. Zaragoza, Madrid y París. Marta Vela

Sexo, amor y revolución. Hildegart Rodríguez

En torno a Paris, Texas *de Wim Wenders*. Varios autores

Futbología. La cultura del fútbol industrial. Luis Cantarero

Eugenesia y natalidad. Hildegart Rodríguez

Verissimum mendacium. Manuel Martínez-Forega

José Antonio Labordeta, diputado del pueblo. Conrad Blásquiz Herrero

Queremos tanto a Laura. VV.AA.

Infantil y juvenil

La Dama, el Duende y el Rey. Tres leyendas aragonesas. Roberto Malo, José María Tamparillas, Daniel Tejero y David Guirao

Moflete, el elegante. Agustín Porras y Arturo García Blanco

La ardilla poeta y el futuro del planeta. Pilimar Aguilar y Xcar Malavida

Moflete ya sabe contar. Agustín Porras y Arturo García Blanco

Agentes del futuro. María Frisa y Xcar Malavida

Minicó dice no. Nerea Mur

El príncipe que cruzó allende los mares. Roberto Malo, Francisco Javier Mateos y David Guirao

De tu abrazo a las estrellas. Victoria Alcalde y Ruth Alarcón

Mocoloco y Flemalarga. Nines Barcelona y Nerea Mur

San Jorge y el dragón. Daniel Nesquens y David Guirao

Antes de las nueve. Pablo Ferrer, Paula Figols, Marina Santos y Christian Peribáñez

Erny, el monstruo de la Laguna Negra. María Álvarez e Irene Campos

Lex, el Tiranosaurio Rex. Roberto Malo, Daniel Tejero y Blanca Bk

La ardilla poeta y su libro de recetas. Pilimar Aguilar y Xcar Malavida

Un viernes soleado. Pepe Serrano y Raquel Samitier

Mika, el niño fantasma. Daniel Tejero y Bernal

La ardilla poeta y su pandilla secreta. Pilimar Aguilar y Xcar Malavida